AF339946

LA
SAINT-MICHEL

EN

FRANCHE-COMTÉ

29 SEPTEMBRE 1881

VESOUL

IMPRIMERIE L. TABOUILLOT ET Cie

5, Rue du Châtelet, 5.

1881

LA

SAINT-MICHEL

EN

FRANCHE-COMTÉ

29 SEPTEMBRE 1881

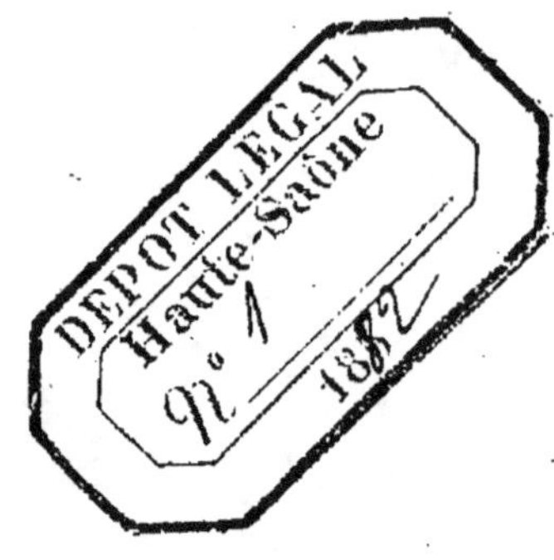

VESOUL

IMPRIMERIE L. TABOUILLOT ET Cⁱᵉ

5, Rue du Châtelet, 5.

1881

LA

SAINT-MICHEL

EN

FRANCHE-COMTÉ

Nation non moins célèbre par son intelligence que par sa bravoure, la Franche-Comté ne pouvait rester en dehors du mouvement qui, depuis que la république a jeté le masque, groupe tous les esprits éclairés, tous les cœurs droits, toutes les intelligences généreuses, autour du représentant du principe qui, pendant quatorze cents ans, a fait la grandeur de la France. Ses traditions lui commandaient, d'ailleurs, de ne se laisser devancer par aucune autre province dans l'énergique affirmation de la foi monarchique : n'est-ce pas à sa fidélité que les Bourbons ont jadis confié la restauration du trône, lorsque effrayé des desseins hostiles des puissances coalisées, le comte d'Artois est accouru dans le but d'empêcher la mutilation de nos frontières?

Aussi, le 29 septembre dernier, l'église Saint-Maurice de Besançon était-elle trop étroite pour la foule qui se pressait dans son enceinte. Tandis que sur tous les points du territoire des prières étaient dites afin d'appeler les bénédictions de Dieu sur la France, de nombreux délégués des royalistes des départements du Jura et de la Haute-Saône se joignaient aux royalistes du département du Doubs, à l'initiative desquels était due la messe célébrée pour l'anniversaire de la naissance providentielle du Roi.

A onze heures, un banquet a eu lieu dans une salle dont les dimensions n'ont malheureusement pas permis d'accueillir plus de deux cents convives. Est-il besoin de dire que la plus franche cordialité n'a cessé de régner entre les membres de cette réunion fraternelle, où le cultivateur et l'ouvrier s'asseyaient gaiement à côté des représentants des vieilles familles de la province?

Au dessert, M. le marquis de Loray a porté le toast suivant :

Je porte la santé du Roi !

Dieu l'a donné dans ce jour du 29 septembre, dont le souvenir nous est précieux et cher.

Qu'il le conserve pour le salut de la France, qui a de lui un si grand besoin !

Après M. le marquis de Loray, M. Robinet de Cléry, ancien avocat général à la cour de cassation, a pris la parole, et tous de se montrer la médaille militaire qui brille sur la poitrine du courageux magistrat qui, au premier bruit de nos désastres, n'hésita pas à quitter sa robe pour revêtir la capote du soldat.

Voici le discours de M. Robinet de Cléry.

Messieurs,

Le sentiment que vient d'exprimer M. le marquis de Loray est bien celui qui anime votre assemblée tout entière. Après deux années remplies de tant d'amertumes et de tant de tristesses pour ceux qui conservent, vivant au fond de leur cœur, l'amour de la France, — non pas de la France défigurée par la conjuration des sectes, mais de la France véritable, de la France chrétienne, respectueuse de sa foi, de ses traditions, de son glorieux passé, — il est bon, il est utile que des hommes de cœur se réunissent pour célébrer en commun un anniversaire vraiment national.

Nous ne sommes pas venus chercher ici les vaines satisfactions d'une politique de parti. Ce que nous poursuivons avec une persévérance que rien ne pourra lasser, c'est la revanche du patriotisme et du vieil honneur français.

Jadis, quand la France avait sa fierté à l'abri des atteintes de la révolution, si l'on était venu lui dire que l'on préparait pour elle la dictature d'un étranger, elle se serait levée tout entière pour rejeter avec horreur le joug dont elle se serait vue menacée.

Il lui faut aujourd'hui, paraît-il, des humiliations plus sanglantes, de plus cruelles blessures. Si elle subit ce joug avilissant, ces humiliations et ces blessures ne lui manqueront pas. Elle se réveillera alors de sa torpeur, et elle ne sera que plus redoutable dans sa colère. (*Applaudissements.*)

Par quelle série de mensonges et de bassesses politiques des hommes, dont la mémoire restera exécrée, se sont-ils emparés des trésors, du sang, des destinées de notre pays ? Quel usage en ont-ils fait ? A quoi bon le redire ? C'est l'histoire d'hier, c'est celle d'aujourd'hui, et vous la connaissez aussi bien que moi. Nous avons vu ces hommes s'enrichir dans nos désastres ; libéraux menteurs, violer toutes nos libertés ; patriotes sans foi, trafiquer partout de notre honneur et de nos intérêts. Nous avons vu par eux nos chapelles fermées, nos autels profanés, nos anciens maîtres, les maîtres de nos enfants, dispersés, et quand en en présence de tels attentats nous avons voulu recourir à la justice, la justice elle-même réduite au silence. Ces Génois, ces Badois, ces échappés de Barcelone (*bravos*) ont formé un gouvernement qu'ils appellent le gouvernement français ; ils se sont partagé comme une proie nos grandes institutions nationales. Vis-à-vis de l'Europe la France est aujourd'hui représentée par un incroyable diplomate qu'un poète républicain a pu qualifier de :

Ministre étranger aux affaires françaises,
Résident de Prusse à Paris.

C'est M. Constans qui est le chef et le modèle de tous les préfets de la république. C'est lui qui leur dicte les mensonges officiels dont sont couvertes nos murailles. En même temps M. Jules Ferry enseigne aux instituteurs de nos villages la formule grotesque de sa morale civique et laïque. Notre vieille magistrature française est courbée sous l'autorité d'un Ponce-Pilate, qui ne se lave même pas les mains. (*Sourires.*)

Et l'armée, notre chère et héroïque armée, jouet des spéculations républicaines, combat et meurt sur les sables et dans les montagnes de la Tunisie, en obéissant aux ordres et aux contre-ordres de *Monsieur* le général Farre.

Où sont-ils, ces vieux soldats de la France, qui avaient conquis leurs grades en versant leur sang sur tous les champs de bataille ? Où ils sont, vous le savez tous.

Il y a deux ans, Paris conduisait à sa dernière demeure un vieux général. On l'avait vu, à l'époque de nos grands désastres, ramener de Sedan son corps d'armée, faisant pas à pas face à l'ennemi, sauvant la capitale de la France d'une brusque prise d'assaut, et rendant possible sa défense. Ce vieux général, c'était le général Vinoy, un des premiers disgraciés de la république. (*Applaudissements.*)

Pendant ce même hiver de 1870, l'armée de Paris avait vu à sa tête sur le champ de bataille de Champigny, au premier rang parmi les plus braves, un autre général. Il avait combattu à Reichshoffen et Sedan. Il s'était échappé des mains de l'ennemi pour venir défendre Paris, la France, la république. Cet autre général, c'était le général Ducrot, — encore un disgracié de la république. (*Applaudissements.*)

Bien des fois, pendant le repos de mes vacances, je suis allé m'asseoir à l'extrémité du plateau de Saint-Privat, ayant au-dessous de moi, à mi-côte, le village de Sainte-Marie-aux-Chênes ; plus bas, dans un pli de terrain, des tombes au bord desquelles s'arrêta, les yeux pleins de larmes, le vieil empereur Guillaume. C'est le tombeau de la garde prussienne. Elle dort là où elle est tombée pendant le terrible assaut du 18 août 1870, sous la fusillade du maréchal Canrobert et du général de Geslin. Ah ! si dans ces villages de Saint-Privat et de Sainte-Marie-aux-Chênes, où battent encore tant de cœurs français, le maréchal Canrobert et son vaillant lieutenant pouvaient paraître un seul instant, quelles acclamations à briser toutes les poitrines salueraient, jusque sous le canon des forts de Metz devenus prussiens, ces glorieux soldats de la France ! (*Applaudissements prolongés.*)

Le maréchal Canrobert ! le général de Geslin ! Il n'en faut pas parler. Ce sont, eux aussi, des disgraciés de la république. (*Applaudissements.*).

La plupart d'entre vous ont sans doute visité à l'extrémité de votre province, au pied du fort de Joux, un monument saisissant dans sa simplicité. C'est la tombe des victimes de notre dernier combat de 1871. Elle ne porte pas de noms propres, mais une simple inscription :

AUX DERNIERS DÉFENSEURS DE LA PATRIE !

Ces braves gens qui ont fait un retour offensif pour venger l'honneur du drapeau et pour mourir, alors que l'armistice était déjà signé, et que la Suisse à quelques pas leur offrait un refuge, c'étaient les débris de l'armée du général Bourbaki.

Ah ! le vaillant chef, qui avait animé de son esprit de tels soldats !

Bourbaki, le sympathique héros d'un demi-siècle de guerre, ne s'était pas demandé sous quel régime il allait servir ; il s'était présenté d'abord à Lille, où il avait été mal reçu, on lui avait préféré *Monsieur* le général Farre. Puis il était allé à Bourges, où il n'avait pas eu meilleur accueil.

Mais il y avait dans l'Est une entreprise bien périlleuse à tenter. On lui avait dit : Vous trouverez à Besançon des vivres, des munitions ; à Dijon, une armée sera réunie pour empêcher que vous ne soyez tourné, — et Bourbaki, heureux de la rencontre prochaine de l'ennemi, était parti.

Il était parti. Il ne trouva à Besançon ni vivres ni munitions : à Dijon, notre honteux auxiliaire, Garibaldi, volontairement ou involontairement, le laissa cerner.

Néanmoins il gagna les trois batailles de Villersexel, d'Arcey et d'Héricourt. Il ne s'arrêta qu'épuisé par ses victoires. Trois victoires pendant ce dur mois de janvier 1871, à l'heure où le noir découragement assiégeait toutes les âmes ;

quelle est la récompense nationale, quel est le témoignage d'étèrnelle gratitude qui a pu les payer ?

Au nom de la France entière, un poète lyonnais, Victor de Laprade, a salué le glorieux commandant de l'armée de l'Est :

> A de pareils vaincus qu'importe la défaite,
> Quand le devoir est fait, qu'importe le bonheur ?
> Au-dessus des partis il peut lever la tête,
> Fidèle à ses seuls dieux : la patrie et l'honneur.

Non, non ! N'en croyez rien. Le général Bourbaki est, comme ses compagnons d'armes, un disgracié de la république. (*Applaudissements.*)

Disgraciés de la république, eux aussi, comme les vieux chefs de notre armée, ces jeunes et généreux Saint-Cyriens auxquels votre Franche-Comté a fourni un large contingent, qui n'ont pas voulu, le 14 juillet, fêter un anniversaire de révolte, de trahison et d'assassinat, et qui sont allés le lendemain, à Saint-Germain-des-Prés, prier Dieu de conserver pour le salut de la France le prince au cœur si français, gardien fidèle dans son exil de nos gloires et de nos traditions nationales.

Eh bien ! nous, messieurs, qui aimons notre pays, qui avons le culte de toutes ses gloires, qui ne croyons pas qu'on puisse payer trop cher une seule goutte de sang loyal versé pour son service, quand nous assistons à de tels spectacles, relevant une parole dont a beaucoup usé un des principaux personnages qui exploitent aujourd'hui la république, nous nous déclarons vis-à-vis de ce régime violent, menteur et corrupteur, irréconciliables. (*Bravos et applaudissements.*)

Oui, nous sommes tous et nous resterons les ennemis irréconciliables de la république (*oui ! oui ! bravo !*) parce qu'il n'y a pas dans la nature humaine de sentiment plus invincible, plus insurmontable que le dégoût. (*Vive sensation.*)

Et ne nous décourageons pas, malgré les résultats incertains et variables des scrutins ; aux dernières élections, douze cent mille royalistes ont déclaré par leurs votes à la république une guerre à mort. Près d'un million d'électeurs partageant les mêmes sentiments n'ont pu les exprimer faute de candidats. C'est une armée nombreuse à laquelle arrivent chaque jour de nouvelles recrues. Elle a encore bien des auxiliaires au premier rang desquels vous me permettrez de placer la république elle-même, qui excelle à se détruire de ses propres mains. (*Hilarité.*)

Là république sera renversée, je ne suis pas téméraire en l'affirmant. Quand elle le sera, comment la remplacerons-nous ?

Messieurs, prenons-en la résolution. N'hésitons jamais à le dire à la France, ce pays de la sincérité et de la franchise. Les grands événements qui changent la face d'un Etat se produisent à l'improviste. Il ne faut pas être réduit à répéter au moment critique le mot historique : C'est bien coupé, mais comment recoudre ?

Ce que nous voulons, nous le disons au grand jour, en plein soleil ; si notre cause n'a pas encore eu les joies du triomphe, si la faveur populaire ne lui est pas revenue, du moins dans cette lutte loyale, à visage découvert, nous n'avons perdu, Dieu merci, ni l'espoir ni l'honneur. (*Applaudissements.*)

Mais, nous dit-on, vous avez à vaincre d'insurmontables préjugés.

Ces préjugés, qui donc parmi nous les ignore ?

« Je sais, a écrit de son exil celui qui est à la
« fois notre chef, notre roi et notre meilleur ami,
« je sais toutes les difficultés que rencontre le
« retour au principe de l'hérédité monarchique,
« tant de la part de ceux qui le combattent, que
« souvent même par le fait de ceux qui le défen-
« dent, et ces difficultés, je sens qu'il est de mon
« devoir de travailler autant qu'il est en moi à les
« faire disparaître (1). » (*Bravo !*)

On ne se lasse pas de répéter que la restauration de la monarchie serait le retour de l'ancien régime.

L'ancien régime ! Mot d'un effet terrible ! La dîme, la corvée, les castes privilégiées !

On est bien un peu honteux de croire à de pareilles sottises, mais si peu que l'on y croie, on se méfie, et sous l'empire de cette méfiance absurde on se livre en aveugle à la plus réelle et à la plus intolérable des tyrannies.

Que faut-il faire pour dissiper ces préjugés ? Une chose d'abord. N'y donner aucun prétexte.

Non pas que nous ayons jamais à renier le glorieux passé de la monarchie, dont rien ne remplace aujourd'hui la grandeur disparue. La monarchie française, c'est le progrès continuel dans la stabilité. Est-ce que Philippe-Auguste ressemblait à Charlemagne, saint Louis à Philippe-Auguste, Louis XI à saint Louis, Henri IV

______

(1) Lettre au duc de Noailles, 22 décembre 1850. V. *Etude politique, M. le comte de Chambord,* p. 106.

à Louis XI, Louis XIV à Henri IV, Louis XVI à Louis XIV ?

Ils ont tous cependant travaillé à élever le majestueux monument de notre patrie française.

Le Roi de France est l'expression vivante de la nation, se transformant avec elle et pour elle. Il ne naît pas d'un succès pour disparaître dans un revers. Non, non ! les fils de la France partagent la bonne et la mauvaise fortune de la mère commune. Jamais le cœur du roi n'est plus près du cœur de son peuple qu'au jour de l'adversité et de la souffrance. C'est le cœur du peuple qui bat dans la poitrine royale. (*Bravo! bravo!*)

Comment, dans cette étroite union du peuple et du Roi, les besoins populaires seraient-ils ignorés, les aspirations légitimes seraient-elles méconnues? Cela n'est pas possible, cela n'est pas. (*Applaudissements.*)

Mais, disent encore quelques pessimistes, nous aurons beau faire, nous ne serons pas écoutés.

Messieurs, qu'en savez-vous ?

Il y a dans le cœur humain un mauvais sentiment, plus puissant encore que les préjugés, c'est l'égoïsme. Les intérêts menacés ont de subites clairvoyances qui déjouent les calculs des plus habiles politiques.

Faisons appel aux généreux sentiments de la nature humaine. Rien de mieux. Mais sachons parler aux intérêts le langage de la froide raison.

Faisons-le sans relâche. Les moyens à employer ne sont pas à découvrir, il suffit d'imiter l'exemple que nous donnent nos adversaires.

Nous les voyons créer des œuvres dont certains groupes atteignent les chiffres formidables de trente, quarante, soixante mille adhérents ; distribuer à profusion les journaux, les brochures, les images; couvrir la France de bibliothèques, d'écoles, de conférences; distillant à haute dose le poison du mensonge, passant des villes dans les villages, troublant la paix des chaumières, cherchant partout une intelligence à égarer, une conscience à ébranler, une innocence à corrompre.

Il faut, avec une activité d'initiative que rien ne ralentisse, avec un dévouement que rien ne rebute, opposer aux hontes et aux douleurs du présent les grands souvenirs du passé; montrer à l'œuvre les ministres de la monarchie, si désintéressés, si persévérants dans l'application d'une politique vraiment nationale; ceux qui disaient à l'agriculture française, non pas comme les ministres d'aujourd'hui : Il faut périr; mais : « Tout fleurit dans l'Etat où fleurit l'agriculture. — Pâturage et labourage sont les mamelles de la France. »

Il faut rappeler aussi ces belles paroles du roi Henri IV :

« Les rois tiennent trop souvent à honneur de
« ne pas savoir ce que vaut un écu; moi, je vou-
« drais savoir ce que vaut un liard, et combien de
« peines les pauvres gens ont pour l'acquérir,
« afin qu'ils ne fussent chargés que selon leur
« portée. » (*Bravos et applaudissements.*)

Voilà les vérités historiques qu'il faut opposer aux mensonges qui affolent l'opinion. Il faut montrer aux intérêts qui souffrent ce que leur coûte l'abandon de cette politique, remplacée aujourd'hui par la politique du scrutin et de l'agiotage sans mesure et sans frein. Car dans les ligues républicaines, dans les congrès de l'athéisme où l'on veut supprimer Dieu, on veut surtout effacer ses commandements et en première ligne le septième commandement, si énergique et si gênant dans son laconisme : *Non furaberis* : « Tu ne voleras pas. » Puis on émet des emprunts, on va à la Bourse et l'on met sous tous les prétextes toutes les forces de la puissance publique, l'héroïsme de notre armée, le sang de nos soldats, au service des tripotages financiers.

Les consciences ainsi abaissées, la nation se trouve prête à servir de jouet aux entreprises et aux trafics des fous furieux de la guerre et de la paix, — ni si fous ni si furieux qu'ils n'aient pris la précaution de remplir leurs poches de beaucoup de notre argent. (*Oui ! oui ! c'est cela !*)

Dans ce désordre, dans cette confusion, dans cette subversion de toute honnêteté et de toute moralité, comment tous ceux qui ont encore le cœur loyal et honnête n'aspireraient-ils pas au règne réparateur du prince qui a tracé en ces termes son programme de gouvernement :

« La propriété foncière rendue à la vie et à
« l'indépendance par la diminution des charges
« qui pèsent sur elle. — Le commerce et l'indus-
« trie constamment encouragés, et par-dessus
« tout une grande chose, l'honnêteté. L'honnêteté,
« qui n'est pas moins une obligation dans la vie
« publique que dans la vie privée ; l'honnêteté,
« qui fait la valeur morale des Etats comme des
« particuliers. » (1)

L'honnêteté, Messieurs, ah ! quelle nouveauté

(1) Lettre au vicomte de Saint-Priest, 9 décembre 1866, V. *Etude politique, M. le comte de Chambord,* p. 255.

dans le monde tout-puissant aujourd'hui des aventuriers officiels de la politique et de la Bourse. (*Bravos prolongés.*)

M. Guizot l'a dit avec raison : « Les nations ne tombent pas dans la décadence, tant qu'elles n'y consentent pas. Elles ne sont pas mortes, tant qu'elles se croient et se sentent vivantes. »

Ayons donc foi en notre cause, en notre prince, en notre drapeau.

Le remède ! le salut ! nous y aspirons de toutes nos forces.

Mais ils sont à nos portes !

Depuis près d'un demi-siècle, dans un langage dont la noblesse, la fermeté, la sagesse ne se sont jamais démenties, Celui qui est à la fois le droit et l'autorité nous montre ce remède unique. Patient et ferme, inébranlable dans sa haute raison comme dans son indulgente bonté, il ne repousse personne, mais il ne cède à personne. Il tend la main, même à ses ennemis, à tous ceux qui voudront signer le noble programme royal, qui est bien le programme du salut.

Dans cette réunion de Français dévoués, laissons monter de notre cœur à nos lèvres une acclamation qui résume les conseils de notre raison et les inspirations de notre patriotisme. Répétons ensemble cette acclamation que l'Europe entendait jadis avec tant de confiance et de respect et qui portait le trouble au cœur de nos ennemis.

Elle réunit dans une même formule les glorieux souvenirs du passé, les généreuses espérances de l'avenir.

Au Roi de France, messieurs !

A l'union de la France et du Roi !

(Acclamations unanimes. — Cris redoublés de :
Vive le Roi !)

M. Emile Longin, ancien magistrat, avocat au barreau de Vesoul, a porté le toast
suivant au nom des royalistes de la Haute-
Saône :

Messieurs,

Plusieurs de mes amis me pressent de prendre
la parole au nom des royalistes du département
de la Haute-Saône. En vain les conjuré-je d'attendre que j'aie été à la peine pour me convier à
être à l'honneur : ils veulent que je sois leur in-
terprète auprès des organisateurs d'une réunion
dans laquelle, tous tant que nous sommes, nous
saluons avec joie l'aurore de la résurrection de
notre province.

Messieurs, ce n'est pas sans confusion que je
me rends à ces instances, car, si je jette les yeux
autour de moi, je vois des hommes dont toute la
Comté sait les noms. Les uns ont servi leur pays
sous l'uniforme de l'officier ou sous la robe du
magistrat ; les autres ont concouru au dévelop-
pement de la richesse nationale ; il en est enfin
qui, après avoir consacré leurs loisirs à l'étude
des questions sociales, ont porté dans nos assem-
blées délibérantes la sage indépendance et le
ferme bon sens qui caractérisent l'esprit franc-
comtois. Tous se présentent à moi avec le pres-
tige d'une vie vouée au bien public, et je ne puis
que m'incliner devant eux en proclamant que,
seule, leur modestie les empêche de revendiquer

ici les droits qu'ils tiennent de l'estime de leurs concitoyens.

Qu'est-ce donc, Messieurs, si je songe aux applaudissements qui, il n'y a qu'un instant, couvraient la parole chaleureuse du vaillant soldat de Champigny ? (*Bravos.*)

Avec l'autorité que donne l'union si rare du talent et du caractère, il a rappelé les devoirs qui incombent aux royalistes ; il a dévoilé la conjuration monstrueuse qui, bannissant Dieu de l'école et jetant les débris profanés du crucifix dans les tombereaux qui charrient les immondices de nos villes, s'attaque audacieusement à l'âme de nos enfants ; il a, dans une sainte colère, flétri l'ingratitude dont la république paie les services de nos plus illustres généraux : — après Ducrot, Vinoy ; — après Vinoy, Canrobert ; — après Canrobert, Bourbaki ; — comme si elle tenait à prouver à l'Europe que les intérêts de la nation ne se confondent pas avec ceux des sectaires que le hasard des révolutions a mis à sa tête.

Que pourrais-je ajouter à cet écrasant réquisitoire ?

Aussi, Messieurs, n'est-ce pas pour stigmatiser les attentats dont la France porte le deuil que je me lève. Simple soldat de l'armée monarchique, je veux seulement vous dire ce que pensent les populations au milieu desquelles mes amis vivent.

A ne s'en tenir qu'au résultat des élections, la république triomphe. Le président de l'ancienne Chambre, — car, vous le savez, nous avons deux Chambres des députés, et pour ma part je doute qu'aucun peuple nous envie ce privilège, — le président de l'ancienne Chambre se montre aux foules, harangue les autorités, inspire les diplomates, usurpant ainsi vis-à-vis du président de la république le rôle que le* taïcoun remplissait au Japon à l'égard du mikado. (*Hilarité.*) Les ministres, eux, rient de la naïveté des électeurs qui ont ajouté foi aux démentis de leurs préfets , tandis qu'occupant l'interrègne parlementaire à encourager l'espionnage et à récompenser la délation, les députés font peser sur tout le pays une véritable terreur.

Et cependant plus que jamais il est vrai de dire que les républicains ne sont qu'une bande campée en pays conquis. S'ils se maintiennent au pouvoir, c'est à l'aide de la violence et du mensonge, et je ne crains pas qu'aucun de vous me démente si j'affirme que nous sommes à la veille d'un revirement de l'opinion. Demain, nos ennemis essaieront de diminuer l'importance de la manifestation dont Besançon vient d'être le théâtre ; ils diront que la liberté laissée à nos acclamations est la meilleure preuve de notre impuissance.... Laissons-les dire, Messieurs. Ne réfutons léurs attaques qu'en imitant la réponse de Diogène au philosophe qui niait le mouvement ; allons de l'avant, assurés que, dans une nation livrée à toutes les contradictions de la politique, une minorité résolue perce, — le mot n'est pas de moi, — comme un coin de fer dans un amas de plâtras mal joints. (*Très bien ! très bien !*)

Il est surtout un conseil qu'il appartiendrait à des voix plus autorisées que la mienne de vous faire entendre, c'est de vous méfier des hommes qui cherchent à jeter le trouble dans nos consciences pour négocier notre soumission à la république.

Chose étrange, toutes les fois que nous affirmons notre foi dans le rétablissement de la monarchie, on nous reproche de semer la division parmi les défenseurs de la vérité religieuse. Après nous avoir accusés d'imposer au catholicisme la solidarité d'une alliance compromettante, peu s'en faut qu'on ne nous déclare coupables de désobéissance à la chaire de Pierre. Et celui qu'on désigne comme l'instigateur de la rébellion, c'est le fondateur des cercles catholiques, c'est l'ardent apôtre de la classe ouvrière, c'est l'éloquent, le courageux, l'infatigable comte de Mun! (*Applaudissements*).

Est-ce la peine, en vérité, de réfuter des insinuations semblables?

Fils soumis de l'Eglise, nul n'est plus heureux que nous du secours qui lui vient des camps les plus opposés. Pour elle nous sommes prêts aux plus grands sacrifices: quel est l'enfant qui marchande l'amour à celle qu'il nomme du nom de mère? Mais après les devoirs qui découlent pour nous du baptême viennent les obligations que nous impose notre titre de Français; nous croyons être dans le vrai, en ne confondant pas ce que Dieu même a séparé, et, — nos calomniateurs le savent bien, — lorsqu'il s'agit de questions purement politiques, nous n'allons pas prendre notre mot d'ordre à Rome. Quand la république essaierait de faire du clergé un instrument de règne, qu'au lieu de proscrire les ordres religieux elle favoriserait leur essor, et que toutes les chaires retentiraient d'éloges en l'honneur d'une forme de gouvernement condamnée, suivant nous, par les tradition séculaires de la France, nous resterions debout, et la mort seule empêcherait nos cœurs de battre pour la cause sacrée de l'exil. (*Bravos.*)

Et aujourd'hui même, si l'espoir d'une conciliation impossible poussait quelques catholiques à nous engager à mettre bas les armes, nous repousserions leur suggestions en nous inspirant du souvenir de Lamoricière.

Vous connaissez la déclaration que son patriotisme inspira au héros de Constantine, lorsqu'il mit sa vaillante épée au service du successeur des apôtres. Sollicité de prendre le commandement de la petite armée pontificale : « J'accepte, répondit-il, mais à une condition : c'est que vous ne me ferez jamais servir contre la France ! »

Telle serait aussi notre réponse à ceux qui s'autoriseraient du nom vénéré du Souverain Pontife dans le but de nous imposer silence. En renouvelant au père commun des fidèles l'offrande de nous-mêmes : « Très saint-Père, lui dirions-nous, tout ce que nous avons est à vous : prenez nos biens, prenez nos vies, mais ne nous demandez pas d'abjurer des convictions qui ne nous sont guère moins chères que nos croyances ; ne nous demandez pas de favoriser par de lâches concessions ou par une indifférence coupable les desseins des misérables qui veulent nous plier à leur domination ; ne nous demandez jamais de servir contre la France. » (*Applaudissements.*)

Voilà, Messieurs, quel serait notre langage. Et, comme autrefois Pie IX à Lamoricière, Léon XIII nous répondrait, soyez-en sûrs : « Avec des *révoltés* tels que vous, cela est entendu d'avance. » (*Applaudissements réitérés.*)

Mais à quoi bon relever des accusations qui tombent d'elles-mêmes? Est-ce que les faits ne parlent pas plus haut que je ne puis le faire? Est-ce qu'à aucune époque de notre histoire, le catholicisme a vu les royalistes portés à oublier que leur patrie avait à légitimer son glorieux nom de fille aînée de l'Eglise? Sans remonter le cours des siècles, interrogeons nos propres souvenirs.

Quand, pour la première fois, la révolution a envahi les Etats de l'Eglise, qui a-t-elle trouvé sur sa route? Une poignée de légitimistes. A Castelfidardo, la Comté était représentée auprès de la Vendée, de la Provence, de la Bretagne, et les survivants de cette journée peuvent vous dire si ceux qui se sont fait tuer pour le Pape n'auraient pas aussi joyeusement versé leur sang pour le Roi. Oui, ces jeunes gens, ces *mercenaires* qui ont tout quitté pour obéir à la voix de l'honneur; qui, sous la conduite de chefs dignes d'eux, ont tout bravé pour embrasser la cause du Christ, sourds aux menaces d'un gouvernement qui se flattait d'arrêter leur généreux élan en les déclarant déchus de leur nationalité; ces zouaves pontificaux, enfin, étaient des légitimistes. Et c'est parce qu'ils avaient appris dans leurs familles à aimer d'un même amour l'exilé de Frohsdorf et l'exilé de Gaëte, qu'ils ont ajouté une page héroïque à ce livre sans rival qui s'appelle la suite des desseins de Dieu réalisés par l'épée de la France, *gesta Dei per Francos*! (*Applaudissements.*)

Et depuis lors, Messieurs, quel est le danger que nous n'ayons été prêts à affronter pour notre foi? N'était-ce pas hier qu'au seuil des couvents dont les crocheteurs s'apprêtaient à faire le siège, les royalistes se pressaient, heureux, je le répète, de voir des adversaires politiques se joindre à eux pour élever une solennelle protestation contre cette longue série de forfaits qui a nom l'exécution des décrets du 29 mars? Pas un des nôtres n'a manqué à ce rendez-vous des amis de la liberté, de la liberté violée par le despotisme affublé du manteau de la loi, et plus d'un a pu montrer avec orgueil les traces des violences qu'il avait subies pour avoir pris la défense de religieux qu'on expulsait comme on n'aurait pas osé expulser des filles perdues. (*Applaudissements.*)

Et lorsque, comprenant que toutes les économies du président de la république (*rires*) seraient impuissantes à acheter la conscience d'un seul membre de l'épiscopat, le gouvernement a voulu user d'intimidation ; lorsqu'il a traîné sur les bancs de la police correctionnelle l'évêque coupable d'avoir fait entendre à un ministre le *Pecunia tua tecum sit* du prince des apôtres, à qui le courageux prélat a-t-il confié le soin de sa défense? A qui, messieurs? A un royaliste! — A M. Robinet de Cléry. (*Applaudissements. — Cris de : Vive M. Robinet de Cléry !*)

Voilà pourquoi, forts de notre conscience, nous pouvons dédaigner les reproches des hommes qui rêvent de fonder un parti catholique au sein d'une nation catholique.

Sans doute, la cause de la religion n'est pas de celles qu'on puisse confisquer au profit d'un parti. Si donc l'indifférence politique n'était que « la préoccupation exclusive, chez ceux qui en ont la garde, d'intérêts sacrés plus hauts que les intérêts humains (1), » aucun de nous, Messieurs,

(1) *Dieu et le Roi,* par le comte Albert de Mun, p. 16.

ne songerait à la combattre. Nous sommes les premiers à reconnaître que le ministre de Dieu doit planer au-dessus des querelles des partis, et c'est pour cela qu'on ne voit à ce banquet aucun membre de notre admirable clergé franc-comtois. Mais qu'ils soient de cœur avec nous, ou qu'ils nourrissent encore à notre endroit certains préjugés, certaines défiances, nous savons qu'en enseignant à l'enfant l'amour de ses semblables, la soumission à ses parents, le respect de l'autorité, en lui parlant de la déchéance originelle, de la rédemption, de l'éternité des récompenses et des peines, toutes choses surannées que les Jules Ferry et les Paul Bert veulent remplacer par je ne sais quelle morale indépendante, nous savons, dis-je, qu'en faisant cela, nos prêtres préparent à leur insu la restauration du prince qui a dit : « Servir la France, c'est me servir moi-même (1). » (*Applaudissements.*)

Et lorsqu'au cours d'une lutte électorale, nous allons trouver un de ces modestes desservants de campagne, un de ces *curés*, comme la révolution les appelle dédaigneusement dans les journaux qu'elle vomit chaque jour sur le pays, un de ces hommes qui, sortis du peuple, comprennent les joies et les douleurs du peuple, nous ne lui disons pas : « Combattez avec nous ! » Nous lui disons : « Priez, oui, priez pour la France. » (*Applaudissements prolongés.*)

Messieurs, je vous disais tout à l'heure que le résultat des élections ne devait pas faire préva-

______

(1) Lettre au marquis de Dreux-Brézé, 8 septembre 1842. V. *Etude politique, M. le comte de Chambord.* p. 9.

loir les inspirations du découragement. C'est à
des vaincus que je m'adresse, et il n'est pas besoin que personne me rappelle le ridicule qu'il y
aurait à parler de victoire au lendemain d'une
défaite : permettez-moi néanmoins de vous si-
gnaler comme un gage certain du triomphe dé-
finitif de notre cause les adhésions qui lui viennent d'hommes jusqu'ici séparés de nous par
leur origine, par leur éducation, par leur vie tout
entière. Il est incontestable qu'il y a en ce moment un réveil de l'esprit monarchique. Déjà, il
y a huit ans, nous avons vu se former un cou-
rant d'opinion semblable. Eclairés par les événements, les princes d'Orléans avaient compris
qu'ils avaient un grand exemple à donner, de
grands devoirs à remplir ; ils avaient compris
que l'ordre ne pouvait renaître dans la nation
qu'à la condition d'être d'abord rétabli au sein de
la famille royale, et, dans une entrevue mémo-
rable, le comte de Paris avait, au nom de tous,
loyalement reconnu les droits de l'aîné de sa race.
Comment les espérances que cette réconciliation
avait fait naître ont-elles été trompées ? C'est,
Messieurs, ce que nous n'avons pas à rechercher ;
car, depuis que la France a eu la douleur de voir
les vents contraires repousser le navire qui lui
apportait le salut, il n'est pas échappé au Roi
une parole où ses ennemis aient pu surprendre
l'accent de l'ambition déçue. S'il a souffert de savoir ses intentions dénaturées, ses sentiments
pour nous sont restés les mêmes, et c'est mal
connaître sa grande âme que la croire ouverte au
ressentiment. Fils de ce duc de Berry qui se sou-
levait sur sa couche funèbre pour demander la
grâce de son meurtrier, il sait comment les Bour-

bons se vengent. Un jour tous les Français ver-
ront que le descendant des rois qui ont fait la
France est moins leur souverain que leur père,
et ce jour-là, si le zèle de conseillers imprudents
tente de remettre devant ses yeux les intrigues
qui ont retardé son avénement, il répondra, ainsi
que Marie-Antoinette aux commissaires qui l'in-
terrogeaient sur les événements de Versailles :
« J'ai tout vu, tout su, et tout oublié. » (*Applaudissements.*)

Agissons de même, Messieurs, ne regardons
pas en arrière. Nous sommes à une de ces heures
décisives où ce n'est pas faire son devoir que de
ne faire que son devoir. Souvenons-nous du courage que notre patrie a déployé toutes les fois
qu'il a fallu défendre les libertés qu'elle identi-
fiait avec son existence.

Certes, lorsqu'à la veille de la conquête, nos
pères se réunissaient à Dôle, les temps étaient
aussi sombres que de nos jours, mais si la guerre
enserrait la Comté de toutes parts, les caractères
étaient à la hauteur du danger, et le mépris de
la mort enfantait dans les rangs du peuple des
héros comme ce Varroz, qui, sommé de se rendre,
répondait : « Non, de par tous les diables, je ne
me rendrai pas ! » ou ce Lacuzon qui, pris à
l'approche de l'ennemi de ce frisson que les plus
braves ont éprouvé, se mordait jusqu'au sang en
disant : « Ah ! chair, il faut que tu pourrisses.
Qu'as-tu peur ? »

Nobles paroles, Messieurs, où vibre à deux
cents ans de distance la mâle rudesse d'un autre
âge !

Ce sont ces entêtements héroïques qui ont fait
dire à un capitaine français que, pour se rendre

maître des Franc-Comtois, il fallait abattre jusqu'au dernier à coups d'épée. Eh bien ! l'énergie que nos ancêtres ont montrée dans leur lutte contre ceux en qui nous ne voyons plus que des frères, nous saurons, nous, la retrouver pour résister aux envahissements de la révolution. (*Bravo ! bravo !*)

Pas de transactions avec notre conscience. Ayons horreur de tout ce qui peut nous amoindrir à nos propres yeux. Le devoir des royalistes, de Maistre l'indiquait déjà dans ses *Considérations sur la France*, c'est de travailler sans relâche à diriger l'opinion publique en faveur du Roi. Rien n'est plus dangereux que de répéter que la monarchie est impopulaire : on accrédite ainsi, sans s'en douter, les calomnies colportées contre elle par ses ennemis. Au lieu de nous lamenter sur les préjugés auxquels les masses obéissent, travaillons, Messieurs, à faire connaître le représentant du principe monarchique, publions ses déclarations, répandons ses manifestes, ne nous lassons pas de célébrer son ardent amour pour la France ! C'est folie, en effet, que de vanter des institutions en taisant le nom du prince en qui elles se personnifient : notre pays ne se paie pas de fictions, et son bon sens ne concevrait pas plus la royauté sans le Roi qu'il n'a admis la république sans les républicains.

Honneur cependant aux candidats qui, aux élections du 21 août, ont permis aux royalistes d'affirmer la ténacité de leurs espérances ! Tels que des soldats qui entendent sonner au drapeau, ils ont laissé leurs intérêts et leurs familles pour courir aux armes, et, secondés par cette vaillante presse conservatrice, au dévouement de laquelle on ne rend pas assez justice, ils se sont résolument jetés dans la mêlée. Honneur à eux, et que nos acclamations les vengent des insultes des représentants du pouvoir ! Car ce sont ces hommes de cœur que, dans des affiches restées fameuses, les préfets n'ont pas rougi d'appeler les candidats de la peur. (*C'est vrai !*)

Peur, nous ? A quel combattant de 1870 espérez-vous le faire croire ? Si nous avons le droit de dénoncer votre politique d'aventures, c'est que, pour nous, la guerre ne consiste pas à fumer des cigares exquis tandis que les enfants de la France se traînent dans la neige. Essayez donc, Messieurs les républicains, de confondre la spirituelle boutade d'un des nôtres, disant pendant la dernière campagne : « Nous verrons, à la paix, dans quels rangs il y aura le plus de jambes de bois ! (1) » (*Applaudissements et rires.*)

Messieurs, vous ne m'eussiez pas pardonné de ne pas rendre hommage aux intrépides champions de la royauté, pas plus que vous n'eussiez souffert que j'hésitasse à flétrir les attaques dirigées contre eux. Pour moi, si un usage déjà ancien n'interdisait pas de porter dans nos banquets une autre santé que celle du Roi, je serais tenté de vous proposer celle de ces vaincus d'hier qui seront les vainqueurs de demain. (*Très bien !*)

Toutefois il est un toast que rien ne peut m'empêcher de proposer. A l'heure même où je parle, la Méditerranée est sillonnée par les vaisseaux qui conduisent nos troupes au secours de notre plus belle colonie. Par quelle accumulation d'impru-

---

(1) *Un château en Seine-et-Marne,* par le marquis de Mun, page 100,

dences l'Algérie se voit-elle à la veille d'une insurrection générale ? Je n'ai pas à vous l'apprendre. Mais les royalistes laissent aux républicains le triste courage de se réjouir des défaites qui leur livrent le pouvoir, et je veux oublier les fautes commises pour ne songer qu'aux malheureux chargés de les réparer. Ils sont nombreux les hommes que nous a déjà coûtés la fatale expédition de Tunisie : qui sait si la répression de la révolte n'entraînera pas de plus cruels sacrifices encore ? Transportés brusquement sous le ciel de feu de l'Afrique, beaucoup de soldats meurent dans les camps ou dans les hôpitaux, maudissant le ministre dont la criminelle négligence prive leur agonie des consolations du prêtre. (*Mouvement.*) Ceux qui survivent ont à lutter contre un ennemi insaisissable , et, croyez-moi, c'est répondre au vœu de Henri V que de nous souvenir d'eux dans nos fêtes, car il est Français, ce prince dans les veines duquel coule le sang de Henri IV, et comme Français et comme Bourbon, il a la passion de la gloire. Condamné à l'inaction par son serment de ne remonter sur le trône qu'avec le concours de la nation, il s'est réjoui de nos victoires avant de pleurer nos défaites : les prodiges de valeur et de discipline accomplis par notre armée en Afrique, en Crimée, en Italie, au Mexique, ont consolé son long exil, et quand notre fortune militaire a sombré dans une succession de désastres inouïs, quand les noires légions de l'Allemagne ont envahi notre sol, que nos forteresses sont tombées une à une, et, qu'enfermé dans un cercle de fer et de feu, Paris lui-même a dû se rendre, nos malheurs lui ont, vous le savez, arraché ce cri sublime : « Mon Dieu !

sauvez la France, dussé-je mourir sans la revoir ! (1) » (*Bravos prolongés.*)

Je bois donc et vous propose de boire avec moi à l'armée d'Afrique. Soyez certains, Messieurs, que, lorsque sonnera l'heure de Dieu, ce ne sera pas dans les camps que retentira avec le moins de force le cri national de : VIVE LE ROI. (*Applaudissements. — Cris de :* VIVE LE ROI ! VIVE L'ARMÉE FRANÇAISE !)

M. le comte de Froissard, ancien officier, chevalier de la Légion d'honneur, a pris la parole au nom des royalistes du Jura dans les termes suivants :

Messieurs,

Il semble que l'heure soit à l'action plutôt qu'aux discours. Et cependant, dans toute la France, un mouvement spontané entraîne aujourd'hui nos amis les uns vers les autres, rapproche leurs cœurs et fait jaillir de leurs lèvres des paroles que la célébration d'un heureux anniversaire voudrait joyeuses, mais auxquelles l'âpre sentiment de la réalité qui pèse sur nous vient, hélas ! mêler une profonde amertume.

Par la constatation de ce douloureux contraste, les discours peuvent devenir des actes, actes utiles et patriotiques, portant en eux-mêmes leur enseignement, parce qu'ils ramèneront sans cesse notre pensée sur les maux que nous avons à combattre et sur les efforts que nous avons à

(1) *Etude politique, M. le comte de Chambord,* p. 272.

nous imposer, en même temps qu'ils feront briller à nos yeux le flambeau de l'espérance qui doit nous guider vers les régions sereines, mais ne jamais rester pour nous l'objet d'une contemplation stérile. (*Très-bien ! très-bien !*)

Aussi notre premier devoir, à nous, membres du comité royaliste du Jura, est-il de remercier M. le marquis de Loray et ses collaborateurs dans l'organisation de ce banquet, de la cordiale hospitalité qui nous est offerte, et qui, rassemblant les tronçons désunis par la révolution , reconstitue ici même, pour l'honneur et le service du Roi, l'ancienne province de Franche-Comté. (*Applaudissements.*)

Et nous pouvons, dès à présent, dire à nos adversaires trop empressés à transformer nos réunions en manifestations oiseuses , quitte à y chercher du même coup, avec la logique et la loyauté qui les caractérisent, des chefs d'accusation contre nous, nous pouvons leur dire : Nous usons de nos droits en invoquant et en nous réunissant pour le faire triompher le seul principe qui puisse arracher le pays à des mains incapables et indignes, sans force pour le faire respecter au dehors, sans autorité pour le protéger au dedans, — mais, en revanche, assez serviles pour se prêter aux plus infâmes besognes, et assez rapaces pour ne rien laisser glisser entre leurs doigts de ce que les malheurs publics leur ont permis de saisir de la fortune de la France. (*Applaudissements et bravos.*)

Vous vous croyez les maîtres de l'opinion, parce que vous êtes parvenus à maintenir ou à lancer dans la circulation un certain nombre d'inepties mensongères telles que le danger du rétablissement des droits féodaux, de la résurrection d'une noblesse privilégiée ou de la restauration d'un pouvoir théocratique. Car voilà vos arguments contre nous, ô hommes de progrès! Voilà comment vous intruisez le peuple, messieurs les vulgarisateurs de l'enseignement civique !

Vous vous croyez les maîtres de l'opinion, parce que votre gouvernement, — il vient de le prouver au cours des élections dernières, — ne recule devant aucune imposture pour suborner le suffrage universel. Mais nous aussi, nous nous mettons en contact avec le suffrage universel. Pendant que vous vous plaisez à nous représenter comme momifiés dans je ne sais quelles conceptions rétrogrades et chimériques, comme aveuglés par d'absurdes préjugés de caste ou de superstition, notre intelligence mesure, aussi bien que la vôtre, les nécessités du temps présent et nos yeux sont parfaitement ouverts. Nous observons le détail de votre politique tortueuse ; nous avons plus que vous peut-être l'oreille des petits et des faibles, dont votre charlatanisme humanitaire revendique, en mots sonores, le patronage exclusif, mais qu'en réalité votre égoïsme de sectaires républicains broie sans pitié sous les roues de votre char électoral. (*Bravos.*) Aussi les confidences ne nous manquent-elles pas, et savons-nous de quoi sont faites vos majorités écrasantes, quelle sincérité préside à leur formation et quelle vitalité elles assurent à votre pouvoir. (*Applaudissements.*)

Voilà, Messieurs, ce que nous pouvons dire à nos adversaires.

Quant à nous, notre devoir est tout tracé. Serrons nos rangs et marchons en avant. Nous avons déjà gagné du terrain : ne nous arrêtons pas. Ne laissons pas, de gaieté de cœur, transformer en un cloaque immonde, où l'abjection seule ait droit de cité, cette France glorieuse que le monde était habitué à voir marcher à la tête des nations chrétiennes. Sauvons l'héritage du Roi. Lui aussi, Messieurs, est sur la brèche, et il y tient royalement sa place. Soyez-en sûrs, Messieurs, l'homme qui, à une certaine époque, a su dire : « Amoindri aujourd'hui, je serais impuissant demain, » n'est pas un homme ordinaire. Parole profonde qui n'a pas été assez méditée. Qu'on compare l'attitude qu'elle implique à l'ambitieuse précipitation des aventuriers qui se jettent sur le pouvoir avec la gloutonnerie de déclassés avides et sans scrupule, et qu'on juge !

En nos temps de scepticisme universel, où la foi ne se conserve qu'au prix d'une résistance méritoire à l'influence de milieux dissolvants, on a besoin, pour la dignité et la sécurité de la vie politique, de retrouver ce qui garantit déjà l'intégrité du sentiment religieux, un principe inébranlable auquel on puisse rester fermement attaché. Ce principe, nous le possédons. Et au milieu de nos épreuves, nous devons remercier la Providence de l'avoir identifié avec un des plus nobles caractères de notre époque. Aussi, Messieurs, je le dis avec une émotion profonde, avec l'émotion qui nous saisit à l'aspect des grandes figures de plus en plus rares en ce siècle matérialiste, c'est pour nous une consolation et un encouragement de pouvoir saluer dans le Roi le rayonnement de l'honnêteté sans tache, de la grandeur morale sans défaillance, un jour peut-être obscurci aux yeux du vulgaire par les ténèbres qu'épaissit autour de nous le triomphe momentané des passions les plus viles, mais destiné à resplendir avec d'autant plus d'éclat, quand la main puissante de Celui contre lequel les volontés humaines ne sauraient prévaloir aura dissipé les nuages.

Cependant, si absolue que soit notre foi en la puissance surnaturelle, rappelons-nous toujours ce précepte d'un vrai chrétien et d'un vrai sage : « Prier comme si on devait tout attendre de Dieu, travailler comme si on ne devait rien attendre que de soi-même. »

Je bois, Messieurs, à l'adoption de cette maxime par tous nos amis, dans l'espoir que sa mise en pratique amènera bientôt la France entière à crier avec nous : VIVE LE ROI!

(*Applaudissements. — Cris de :* VIVE LE ROI!)

M. le vicomte de Rotalier, ancien officier de l'armée française et de l'armée pontificale, s'est ainsi exprimé :

Messieurs,

Je viens, au nom de nos amis de la Haute-Saône, porter la santé du Roi et boire à sa prochaine restauration.

Vous en êtes tous, et avec raison convaincus, lui seul peut nous sauver, lui seul peut être le roi de tous, et, avec l'aide de chacun, travailler à la régénération de la France.

Vous espérez son retour, et cet espoir vous aide à supporter les tristesses du présent.

Eh bien ! cela n'est pas encore assez, et, permettez-moi de vous le dire, je voudrais voir en vous plus que l'espérance, — la foi,

C'est que l'on ne combat bien qu'avec la foi et que l'on remporte la victoire toujours quand on a d'avance la conviction que, tôt ou tard, on sera vainqueur.

Combattez tous en croyants et la victoire vous appartiendra ; n'en doutez pas, Dieu veut que Henri V soit notre roi.

Voyez, aujourd'hui la France agonise et tout périclite autour d'elle ; partout l'Eglise est persécutée, l'Europe entière est désorganisée.

Depuis que les fleurs de lis sont sorties de France, les nations affolées cherchent en vain leur voie, la violence domine, la persécution triomphe.

C'est que, Messieurs, si bas qu'on ait pu la faire tomber, la France est encore la reine des nations ; par elle tout souffre, en même temps qu'elle tout renaît, avec elle, Messieurs, tout mourrait.

Et si Dieu ne veut pas que l'Europe périsse, s'il veut, suivant une promesse dont il ne nous est pas permis de douter, sauver aussi son Eglise de la ruine, vous voyez bien qu'il faut, avant tout, qu'il sauve la France.

Soyez donc pleins de foi ! mais aussi pleins de fermeté ; ne vous satisfaites pas de demi-mesures, ne vous laissez pas séduire par les compromis des hommes sans convictions ; mais serrez-vous tous autour du chef de la maison de France, tenez haut et ferme son drapeau et ne doutez pas du succès.

C'est en faisant ainsi que nous triompherons et que la France sera sauvée.

Et nous pourrons alors, fiers de notre tâche accomplie, heureux de voir notre patrie enfin régénérée, célébrer la grande victoire et répéter tout haut et à la face de tous, ce vieux cri qui fit autrefois la France si grande et si forte :

Vive le Roi !

Messieurs, je porte la santé du Roi ! (*Applaudissements.*)

M. J. Bonnet, rédacteur en chef de l'*Union franc-comtoise*, avait composé pour la circonstance les vers suivants, qu'il a dits aux applaudissements de l'assemblée :

Au Roi ! Messieurs, — au Roi de France !...
Que de nos cœurs pleins d'espérance
Parte ce cri de ralliement...
Pour les soldats qui vont se battre
Sous l'étendard de Henri Quatre,
Ce cri signifie : En avant !

Soyons dignes de nos ancêtres
Et livrons aux « mangeurs de prêtres »
Un suprême et terrible assaut.
Eh quoi ! notre France chrétienne
A la bande républicaine
Oserait livrer son drapeau ?

Non, non !... J'en atteste l'histoire :
Non, quatorze siècles de gloire
Ne s'effacent pas en un jour,
Et nous sommes trop fiers encore
Pour permettre qu'on déshonore
L'objet sacré de notre amour.

La France restera la France
Tant que le Dieu de notre enfance

La guidera sur son chemin,
Tant qu'un soldat, croyant sincère,
Pourra, debout à la frontière,
Tenir une épée à la main...

Tant qu'une mère catholique
Dans l'horreur de la république
Sur son cœur bercera ses fils,
Et tant que de l'humble chaumière
Comme des châteaux la prière
Montera vers le crucifix (1).

La France restera la France...
Buvons donc à la délivrance,
Français du Nord et du Midi,
Et quand enfin sonnera l'heure,
Que pas un de nous ne demeure
En arrière du roi Henri.

Car pour son Dieu, pour sa patrie,
Un bon Français donne sa vie :
Morts d'hier, vous en faites foi...
Nous en gardons tous la mémoire,
Mais aujourd'hui laissez-nous boire
Au vengeur de demain, — au Roi !

(1) « C'est par un acte de foi que la France est née
sur le champ de bataille de Tolbiac ; c'est par un
acte de foi qu'elle sera sauvée, et tant qu'il y aura
dans notre beau pays un christ et une épée, nous
avons droit d'espérer. » (Ordre du jour du commandant
d'Albiousse à la légion des volontaires de l'Ouest,
du 16 décembre 1870.) V. *La campagne des zouaves
pontificaux en France*, par M. S. Jacquemont, p. 196.

Enfin M. le marquis de Loray a lu l'adresse suivante qu'à la sortie du banquet tous les convives ont signée :

Les royalistes de Franche-Comté, réunis à Besançon, dans un fraternel banquet, en ce jour de la Saint-Michel, fête du patron de la France et anniversaire de la naissance du Roi légitime, envoient à Monsieur le comte de Chambord l'expression de leur amour et de leur inébranlable fidélité.

Ils prient le Ciel de veiller toujours sur lui et ils ont la confiance qu'il pourra bientôt, avec le concours de tous les bons Français, rendre à notre chère patrie, opprimée et déshonorée par la république, sa liberté et sa gloire des anciens jours.

Besançon, cejourd'hui 29 septembre 1881.

Inutile d'ajouter que la lecture de cette adresse a été couverte d'applaudissements.

Telle a été cette belle fête, dont le souvenir vivra toujours parmi ceux qui ont eu le bonheur d'y assister. Ce n'est pas en vain que les royalistes saisissent toutes les occasions de montrer qu'ils entendent mieux la fraternité que les hommes qui inscrivent son nom au front des édifices publics : bien des préjugés tombent, quand les mains se rapprochent en vue de l'œuvre commune ; aussi est-ce travailler efficacement à la destruction de l'antagonisme social que de multiplier des réunions pour lesquelles les conspirateurs arrivés au pouvoir affectent un dédain qui dissimule mal les craintes qu'elles leur inspirent.

Les républicains nous reprochent quelquefois de ne songer au peuple que lorsque nous avons besoin de ses suffrages. Bien que rien ne les autorise à nous prêter leurs propres sentiments, nous avons cru utile de confondre ces accusations en reproduisant les discours prononcés au banquet de Besançon, le lendemain du jour où ce pauvre peuple a une fois de plus méconnu ses vrais amis. Ceux dont l'éloquence a su illuminer les tristesses du présent des espérances de l'avenir ne seront peut-être plus là quand se renouera la chaîne des traditions nationales : il est donc juste de transmettre aux générations qui se lèvent la mémoire de leurs efforts pour combler l'abîme que de déplorables malentendus creusent entre la nation et cette famille que le premier Napoléon caractérisait d'un mot si juste, lorsqu'aux diplomates qui déclaraient le retour des Bourbons impossible, il répondait : « Peut-être, mais après tout c'est la famille française. »

Dieu aide au Roi et à la Comté !

CHARLES DE CHAUMERGENNE.

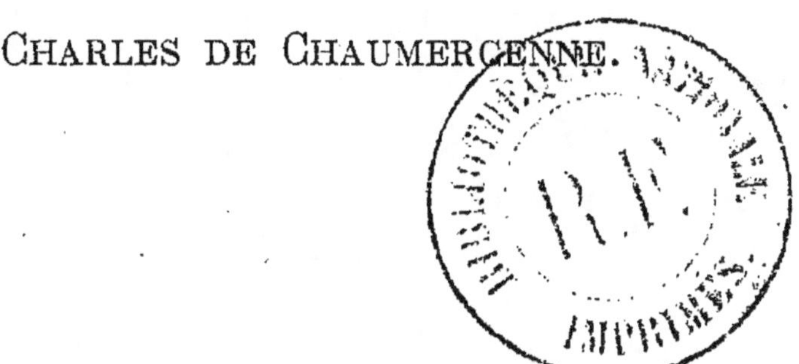

Vesoul. — Imp. du COURRIER DE LA HAUTE-SAÔNE. — L. TABOUILLOT ET Cie.